Renate Sültz

Was tat Mutter!
Gesundheitstipps und praktische Tipps im Haushalt

BoD - Books on Demand

Norderstedt 2017

Bibliografische Information durch die
Deutsche Nationalbibliothek

Die Deutsche Nationalbibliothek verzeichnet diese Publikation in der Deutschen Nationalbibliografie; detaillierte bibliografische Daten sind im Internet über http://dnb.dnb.de abrufbar.

© 2017 Renate Sültz

Herstellung und Verlag: BoD – Books on Demand, Norderstedt

ISBN 9-78374-3-18728-3

Inhalt:

06 Was tat Mutter, wenn ich Bauchweh und Durchfall hatte?

08 Was tat Mutter, wenn ich Fieber hatte?

12 Was tat Mutter, wenn ich Husten hatte?

15 Was tat Mutter, wenn ich Kopfschmerzen und Nasenbluten hatte?

16 Was tat Mutter, wenn ich eine Schürfwunde hatte?

18 Was tat Mutter, wenn ich mir den Fuß verstaucht hatte?

20 Was tat Mutter, wenn ich mich verbrannte?

22 Was tat Mutter, wenn mich Mücken gestochen hatten?

25 Was tat Mutter, wenn ich Ohrenschmerzen hatte?

28 Was tat Mutter, wenn die Wandfliesen stumpf blieben?

30 Was tat Mutter, wenn die Kaffeefilter ausgingen?

32 Was tat Mutter, wenn mal kein Waschmittel mehr da war?

34 Was tat Mutter, wenn die Schränke muffig riechen?

35 Was tat Mutter, wenn Sekundenkleber irgendwo hin tropfte?

Was tat Mutter, wenn ich Bauchweh und Durchfall hatte?

....

Bevor sie einen Arzt in Anspruch nahm, versuchte sie erst einmal selbst das Übel an der Wurzel zu packen. Ich hatte als Kind sehr oft Bauchweh und Durchfall. Mutter steckte mich dann sofort ins Bett. Sie kochte einen Brei aus Haferflocken und Wasser. Damit er nicht so öde schmeckte, streute sie ein wenig Zucker darüber und träufelte etwas Kondensmilch darauf.

Kohletabletten hatte Mutter immer im Haus. Die setzte sie ein, wenn auch Durchfall mich quälte. Davon musste ich drei Mal am Tag eine schlucken. Eine Mischung aus frischer Kamille und Pfefferminzblättern zu einem Tee aufgebrüht, half zusätzlich. Bevor ich einschlief, legte sie mir noch eine Wärmeflasche auf den Bauch. Nach zwei Tagen ging es mir wieder besser. Sollte aber der Durchfall bei ihnen stärker werden und sich nicht bessern, sollten sie einen Arzt aufsuchen.

Was tat Mutter, wenn ich Fieber hatte?

Meine Mutter hatte nur einen einfachen Fiebermesser. Oft hat sie einfach nur gefühlt und konnte dabei schon einschätzen, wie hoch das Fieber war. Bei Fieber kämpft der Körper gegen eingedrungene Vieren an, die uns krank machen wollen. Wenn jedoch unsere Abwehrkräfte stark genug sind, schaffen wir es auch sie zu besiegen. Voraussetzung dabei ist immer, das Fieber nicht sofort zu unterdrücken. Bis 39 Grad Körpertemperatur, sollten wir erst mal nichts machen.

Decken sie sich hoch zu, schlafen und trinken sie viel.

Steigt das Fieber aber auf 40 Grad an, versuchen sie wie Mutter es tat, die Temperatur wieder in den Normalbereich zu bekommen. Hier kamen dann die altbewährten Wadenwickel ins Spiel. Sie umwickelte beide Waden mit einem Handtuch, welches sie vorher in eiskaltem Wasser gelegt hatte. Leicht auswringen.

Anschließend die nassen Handtücher mit einem trockenen, angewärmten Tuch umwickeln. Im ersten Moment ist es unangenehm aber sehr hilfreich. Der Kranke sollte sich zudecken und schlafen. Sind die Handtücher durch die Körperwärme getrocknet, ist auch meistens das Fieber gesunken. Steigt das Fieber sehr hoch und lässt sich nicht senken, bitte sofort einen Arzt kommen lassen.

Was tat Mutter, wenn ich Husten hatte?

Die altbewährten Hausmittel sind meiner Meinung nach immer noch die Besten. Bevor meine Mutter sich auf den Weg in die Apotheke machte, kochte sie einen Sud aus Wasser, 6-7 In Stücke geschnittene Zwiebeln, einer ganzen, kleingeschnittenen Knoblauchzwiebel und braunem Kandis. Das war sie allerdings nicht sparsam.

und nahm auch oft mehr Kandis, damit ein dicker Hustensaft entstehen konnte. Das Ganze mindestens auf kleiner Hitze eine Stunde köcheln lassen. Den selbst gemachten Hustensaft abkühlen lassen und in eine Flasche mit Schraubverschluss füllen. Den Saft im Kühlschrank aufbewahren. Von diesem Sirup, der angenehm süß schmeckte, gab sie mir drei Mal am Tag zwei Esslöffel. Wenn der Husten hartnäckig war, stellte sie den Saft ein weiteres Mal her. Der Schleim löste sich davon recht gut und der Hustenreiz wurde eingedämmt. Der Saft liefert wichtige Inhaltsstoffe für den Körper und gibt ihm neue Kraft.

Auch hier bitte einen Arzt aufsuchen, wenn der Husten nicht abklingen will.

Was tat Mutter, wenn ich Kopfschmerzen und Nasenbluten hatte?

....

Im Kindesalter litt ich oft an Kopfschmerzen und Nasenbluten. Oft waren die Kopfschmerzen so stark, dass ich weinen musste. Mit einem kalten Lappen auf der Stirn für die Kopfschmerzen und einem kalten, nassen Tuch im Nacken für die Blutung aus der Nase konnte Mutter helfen. Irgendwann hörte es auf zu bluten und gegen die Kopfschmerzen strich sie mir noch etwas Minzöl auf die Stirn. Generell sollte man *nicht so schnell die Nerven verlieren, wenn mal die Nase blutet.*

Was tat Mutter, wenn ich eine Schürfwunde hatte?

Kinder toben nun mal gerne herum. Auch ich damals. Ich habe auch gerne mit den Nachbarsjungen Fußball gespielt. Eine Schürfwunde am Knie oder am Arm war normal. Zuerst nahm meine

Mutter ein sauberes Tuch und tupfte vorsichtig um die Wunde herum den Schmutz weg. Dabei sollte man vermeiden an der Wunde zu reißen, sonst könnte schnell Dreck hineingeraten und sie entzündet sich. Viele denken, ohne Pflaster heilt die Verletzung besser. Das ist nicht ganz richtig. Sie sollte mit einem sterilen Pflaster abgedeckt werden. Darunter kann sich dann in Ruhe eine Kruste bilden, die einige

Tage später von alleine wieder abfällt.

Was tat Mutter, wenn ich mir den Fuß verstaucht hatte?

Beim Seilspringen oder beim Gummitwist konnte es schnell passieren. Viele erinnern sich noch daran. oder auch beim Hinkeln in die einzelnen, mit Kreide gezogenen Kästchen. zum Arzt gehen kam für Mutter so schnell nicht in Frage.

Mit kalten Umschlägen kühlte sie mir das Gelenk. Diese wurden in regelmäßigen Abständen erneuert, bis die Schwellung zurückging. Für die Nacht rührte sie etwas Heilerde mit Wasser an. Diese breiige, nicht zu flüssige Masse, strich sie auf die geschwollene Stelle und fixierte alles mit einem losen Verband. Einige Tage später tobte ich schon wieder draußen herum.

Was tat Mutter, wenn ich mich verbrannte?

Schnell haben sich kleine Kinder Verbrennungen zugezogen, weil sie einfach neugierig sind und alles untersuchen wollen. Da müssen Eltern schnell reagieren. Nur oft ist es dann schon zu spät. Aber keine Panik. Bei leichten Verbrennungen hielt Mutter sehr lange das Händchen unter den laufenden

Wasserhahn. Das eiskalte Wasser kühlte die Haut angenehm ab und sorgte dafür, dass die Brandblase klein blieb. Machen sie nicht den Fehler, die Brandstelle in Mehl einzutauchen oder mit Öl zu bestreichen. Auch bitte stechen sie nie eine Brandblase auf. Die Infektionsgefahr ist zu groß. Bei größeren Verbrennungen suchen sie schnell einen Arzt auf.

•••

Was tat Mutter, wenn mich Mücken gestochen hatten?

Schon als Kind entwickelte ich eine ausgeprägte Allergie gegen Mückenstiche. Die Einstichstellen wurden sehr dick und entzündeten sich stark. Zuerst kühlte Mutter die Stelle mit eiskalten, nassen Tüchern. Danach schnitt sie eine Zwiebel in zwei Teile. Mit der Schnittstelle rieb sie ununterbrochen über den Stich. Sie entwickelte dabei eine unglaubliche Ausdauer. Na, ja wenn es um ihr Töchterchen ging tat sie einfach alles. Sie drückte, während sie mit der Zwiebelhälfte rieb immer fest, damit der Saft der Zwiebel herauskam. Irgendwann ließ der Juckreiz nach, die Schwellung ging zurück und ich konnte wieder zum Spielen gehen.

Die Zwiebel kühlt nicht nur, sondern desinfiziert und wirkt entzündungshemmend. Leider müssen wir immer, gerade im Sommer damit rechnen gestochen zu werden, dann genügt ein Griff ins Gemüsefach.

Was tat Mutter, wenn ich Ohrenschmerzen hatte?

Das ist eine fiese und schmerzhafte Angelegenheit. Oft geht das Gehör weg, es pocht und sticht, das Ohr wird rot und die Schmerzen können bis in die Lymphdrüsen ziehen. Bei leichten Ohrenschmerzen erwärmte meine Mutter etwas Pflanzenöl. Ich musste den Kopf schräg halten oder mich hinlegen.

Sie ließ vorsichtig ein paar Tröpfchen des warmen Öls hineinlaufen. Mutter verschloss das Ohr anschließend mit einem nicht zu kleinen Wattebausch. Zum Schluss fixierte sie noch alles mit einem Wollschal. Über Nacht konnte dann das Öl seine heilende Funktion ausüben. Ich schlief zufrieden und beschützt ein. Am anderen Morgen wiederholte sie diese Prozedur und oft ging nach ein paar Tagen die Entzündung weg.

Bitte gehen sie nicht mit Wattestäbchen ins Ohr. In jedem Gehörgang befindet sich der sogenannte Ohrenschmalz, der das Ohr schützt. Mit einem Wattestäbchen schieben sie ihn zusammen und es entsteht ein Pfropfen, der sich entzündet.

Es hilft dann nur noch der Gang zum Ohrenarzt, der den

Gehörgang ausspülen muss. Dann drückt er eine Salbe hinein, damit die Entzündung weggeht.

Was tat Mutter, wenn die Wandfliesen stumpf blieben?

Fettflecken vom Kochen und Braten, lassen Wandfliesen übel aussehen. Nicht immer bekommt man sie mit Reinigungsmitteln richtig sauber. Meine Mutter war erfinderisch. Auch hat sie immer eine Möglichkeit gesucht um Geld zu sparen. Um ein Mittel für die schmutzigen Fliesen zu finden, schlich sie sich in Vaters Hobbykeller und griff sich eine Flasche Autopolitur. Die Politur löste das Fett auf den Fliesen und konnte nach einer Weile blank gerieben werden. Die Küchen- und Badfliesen bekamen einen herrlichen Glanz und waren sauber. Wenn wir Besuch bekamen, wunderten sich alle über den Glanz und Mutter konnte sich das Lachen nicht verkneifen.

Was tat Mutter, wenn die Kaffeefilter ausgingen?

Ausgerechnet wenn die Gäste zum Kaffeetrinken kamen, waren keine Filtertüten mehr da. Eigentlich eine peinliche Sache. Doch nicht für meine Mutter. Improvisieren hatte sie wohl gelernt, denn es gab auch schlechte Zeiten. Mutter musste oft mit sehr wenigen Mitteln zurechtkommen. Naheliegend wäre für uns ein Blatt von einer Küchenrolle zu nehmen. Doch damals gab es die noch nicht. Mutter ging und holte ein weißes, dünnes Leinentuch. Sie schnitt es auf die Größe einer Filtertüte zurecht und konnte so einen bestens gefilterten Kaffee zaubern. Probieren sie es doch mal aus. Jedenfalls war das Kaffeekränzchen gerettet.

Was tat Mutter, wenn mal kein Waschmittel mehr da war?

Mir ist das auch schon häufig passiert. Aber meine Mutter machte sich gar nichts daraus. Da sie sehr sparsam war, sammelte sie Flaschen mit

Haarwaschmittelresten.
Auch Seifenspender mit Seifenresten. Sie nahm einen kleinen Kanister, in dem sie die ganzen Reste hineingab. So hatte sie immer genügend Reservewaschmittel parat. Ob 30°, 60° oder Kochwäsche, die Kleidungsstücke, Handtücher, Pullis und Unterwäsche waren sauber und dufteten sehr frisch. Probieren sie es doch mal.

....

Was tat Mutter, wenn die Schränke muffig riechen?

Gerade Schränke oder Kommoden, die im Keller gelagert wurden oder auf dem Speicher, riechen schnell nach Muff. Mutter nahm, je nach Größe, 1 bis 3 Schälchen Badesalz oder Kaffeepulver und stellte diese in den Schrank. Damit der Erfolg von Dauer war, erneuerte sie die Schälchen alle 2 Wochen. Ein Schälchen mit

Kaffeepulver gab sie auch meinem Vater mit. Er stellte das Schälchen unter den Beifahrersitz, damit die Zigarette nicht zu riechen war.

Was tat Mutter, wenn Sekundenkleber irgendwo hin tropfte?

Sekundenkleber auf dem Tisch lässt sich mit dem Fön entfernen. Die Klebestelle wird erwärmt, der Kleber wird weich und lässt sich abwischen. Aber nicht zu stark erwärmen!

Auf der Haut lässt sich der Kleber mit Sonnenblumenöl oder Vaseline entfernen. Die Stelle einfach einweichen lassen.

Alle Tipps natürlich ohne Gewähr! Danke für Ihr Interesse   Renate Sültz